全国"十二五"教育部重点课题
上海市教育综合改革项目
杨浦区"生命教育一体化"项目

U0601791

生 涯 教 育 系 列 课 程 读 本

# 启 志

## —— 我的生涯我探索

倪京凤　徐向东　张　清　主编

上海教育出版社
SHANGHAI EDUCATIONAL
PUBLISHING HOUSE

# 编 委 会

主　任：邵志勇

副主任：朱　萍　徐佑翔　张海森

主　编：倪京凤　徐向东　张　清

编　委：（按照姓氏笔画排列）

　　　　王　晶　李　嘉　陈　玫　沈燕霞

　　　　杨玲巧　吴佳圣　张春英　徐　萍

　　　　屠佳敏　蔡鑫宸

# 序　言

　　生命是上天赐予我们最丰盛的礼物。

　　教育是积极促进个体生命自我成长的活动，是使人的生命不断丰富、提升、完善的过程。

　　生命教育追求的是培养学生成为认识与了解生命、珍爱与享受生命、提升与完善生命的个体，以促进其生命素养的发展。让每一个人都成为"我自己"，都能最终实现"我之为我"的生命价值。既关乎人的生存与生活，也关乎人的成长与发展，更关乎人的本性与价值。

　　2014年，杨浦区全面启动"学校生命教育区域试点工作"，探索生命教育开展的新途径、新方法。几年来，杨浦区的"生命教育"几乎影响到了全区每一个中小学生，我们以责任与坚守努力让"生命教育一体化"这颗种子在杨浦这片土壤上茁壮成长。

　　研究中我们发现，生命教育涵盖着多重主题的教育实践领域，是地方课程与学校校本课程开发与建设的重要主题和领域。而生命教育课程化是一种普及面广、可操作性强的有效载体。为此，我们致力于研发一套完整性、连贯性、层次性兼备的《生命教育系列丛书》，与已有课程相互配合，搭建从肯定、珍惜个人自我生命价值，到他人、社会乃至自然、宇宙生命的互动与伦理关系等有机渗透的课程内容。引导学生在"天、人、物、我"四者正确、和谐、平衡的关系中，认识生命的本质、意义及价值，建立尊重、珍惜、关怀生命的理念。

　　丛书凝聚着全体编写人员的心血与智慧，对于推动我区生命教育一体化项目将有着重要的价值。

　　我们期待丛书能成为学校、家庭、社会开展生命教育的参考读本，祝福我们的学生、老师和家长能从中受益良多，获得历久弥新的生命启迪。

# 目　录

# 1 时间大转盘

一寸光阴一寸金，寸金难买寸光阴。

——《增广贤文》

## 故事红地毯

有人说鲁迅是天才，可他自己说："哪里是天才，我只是把别人喝咖啡的工夫都用在了工作上。"鲁迅先生总想在较少的时间内为革命做更多的事情。他曾经说过："合理利用时间，就等于延长一个人的生命。"鲁迅先生到了晚年，将时间利用得更加充分。生病的时候，他就想好了病好了要做什么事；病稍好一点，就动手做起来。在鲁迅先生逝世前不久，他的体重不足 80 斤，可他仍不停地用笔做武器，同敌人战斗。他在逝世前三天还给别人翻译的苏联小说集写了一篇序言；在他逝世前一天，他还写了日记。鲁迅先生一直战斗到他逝世的那一天，从没浪费过时间，每一分、每一秒都被合理利用了起来。

亲爱的同学们，你是否崇拜鲁迅先生，想成为像他那样的人？我们现在能怎么做呢？让我们从合理利用课余时间开始吧！

# 生涯养乐多

"四象限法则"是美国的管理学家科维提出的一个时间管理的理论，把学习、工作按照重要和紧急两个不同的程度进行了划分，分为四个象限：重要且紧急、重要不紧急、紧急不重要、不重要不紧急。

根据"时间管理坐标体系"，试着将你过去的 24 小时的内容做一下排序吧。

```
                    急
  紧急不重要的事务        重要且紧急的事务
轻                                    重
  不重要不紧急的事务      重要不紧急的事务
                    缓
```

**时间管理坐标体系**

## 过去的 24 小时
## "____月____日时间管理表"参考

| 时间 | 计　划 | 重要性排序 | 完成情况 |
|---|---|---|---|
| 早上 | 预习语文第五课（第一节有课） | | |
| | 背昨天的单词 | | |
| | 背今天的单词（第三节有课，上新课） | | |
| | 道德与法治上一章概念（今天没有政治课） | | |
| 中午 | 朋友心情不好，找她聊天 | | |
| | 洗衣服 | | |
| | 整理衣柜 | | |
| | 做物理作业选择题 | | |
| | 去超市买点牛奶 | | |
| 晚上 | 把例题和错题看一遍，明天数学要单元考 | | |
| | 做英语一份试卷（今天晚上交） | | |
| | 做道德与法治单元练习（后天交） | | |
| | 做物理作业（明天早上交） | | |
| | 做地理作业（今天晚上交） | | |
| | 朋友心情不好，需要我的开导 | | |
| | 上个星期的笔记需要重新整理一下 | | |

**走秀魔方台**

以四人为一小组，完成填空。

- 你睡觉的时间：_____小时
- 你自学的时间：_____小时
- 你聊天的时间：_____小时
- 你在学校的时间：_____小时
- 你处理日常事务时间：_____小时
- 你吃饭时间：_____小时
  ……

除去上述时间，剩下的时间你做了什么？尝试画出一周时间安排的饼图，并与同学分享。

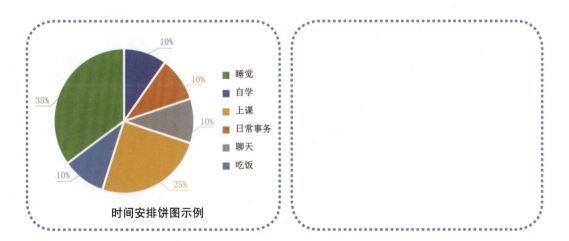

**时间安排饼图示例**

比较一下你的时间饼图与同学们的有哪些区别，能不能根据这些差异对其进行调整，提高自己的时间利用率呢？

## 心灵鸡汤吧

### 1. 有计划地使用时间

不会计划时间的人，等于计划失败。

### 2. 目标明确

目标要具体，要有可实现性。

### 3. 区分紧急事务与重要事务

紧急事务往往是短期性的，重要事务往往是长期性的。给所有罗列出来的事情定一个完成期限。

### 4. 不要想成为完美主义者

不要追求完美，而要追求办事效果。

### 5. 奖赏自己

即使一个小小的成功，也应该庆祝一下。可以事先给自己许下一个奖赏诺言，事情成功之后一定要履行诺言。

给自己制定一个小目标吧！

**灵感碰碰车**

通过这节课的学习，你对自己的课余时间有了哪些新规划?

 **知心生涯链**

1. 电影《童梦奇缘》，陈德森导演（2005 年）
2. 电影《哆啦 A 梦：伴我同行》，八木龙一，山崎贵导演（2015 年）
3. 电影《神奇遥控器》，弗兰克·克拉斯导演（2006 年）

# 2 爱好绘人生

爱好即获得知识的第一步。

——张洁

## 故事红地毯

韩寒，中国内地导演、作家、职业赛车手。他的多部作品成为全国文学类畅销图书。

十几年过去，许多与他同时期出名的人都渐渐没落，他却一直坚持着自己的爱好。在他的同龄人都在经历中年危机，甚至逐渐对生活麻木的时候，韩寒却用自己导演的电影《飞驰人生》告诉你："我知道这将是我的一生热爱，我将为此一直奋斗。"

无论是作家、赛车手还是导演，他真的做到了和喜欢的一切在一起，也正是他一如既往对于爱好的坚持，最终成就了他。

亲爱的同学，当我们把爱好变成坚持，那么爱好就可能在你的人生蓝图上绘出精彩的图画。

你有属于自己的那份爱好吗？尽管坚持一份爱好不是一件容易的事情，你有在一直坚持的爱好吗？

# 生涯养乐多

**爱好三境界：兴趣→乐趣→志趣**

　　爱好是从兴趣开始，然后变成乐趣，最后成为志趣（简称"三趣"），也就是说爱好有三种境界。

**兴趣**：你对这件事情有感觉，想去做，可以在做的过程中产生做事的冲动感。

**乐趣**：你能去做，并把它做好，在做的过程中产生快乐感。

**志趣**：你不仅能把它做好，还能把它做到最好，在做的过程中获得成就感，并为之努力和奋斗。

## 我们身边的爱好

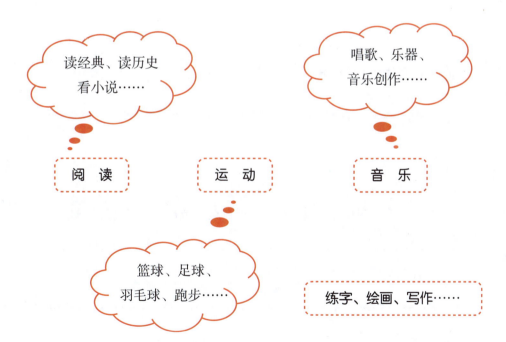

读经典、读历史
看小说……

唱歌、乐器、
音乐创作……

阅　读

运　动

音　乐

篮球、足球、
羽毛球、跑步……

练字、绘画、写作……

## 走秀魔方台

**填一填　我的爱好**

如果你已经有了自己的爱好，请填写下表：

我的爱好是_____。

什么时候有了这个爱好？

_____

其间有遇到过什么困难想要放弃爱好吗？

_____

你觉得这个爱好给你带来了什么？

_____

如果你还没有找到自己的爱好，请填写下表：

曾经有过什么爱好？

_____

你觉得是什么原因让你还没有找到自己的爱好或放弃了自己曾经的爱好？

_____

有没有什么事情可以让你觉得很放松？

_____

**访一访　大家的爱好**

采访一位同学的爱好，并做好记录。

我的采访对象：_____

他（她）有爱好吗？_____

如果有：

爱好是_____

他（她）与爱好的故事是：

_____

我的感悟是：

_____

如果没有：

我的建议是_____

 **心灵鸡汤吧**

同学们，如果你已经有了自己的爱好，希望你可以学会坚持，享受爱好给你带来的快乐；如果你还没有自己的爱好，那么希望你可以从小伙伴那里得到建议和启发，发现属于自己的爱好！最终让爱好完成"兴趣—乐趣—志趣"的完美升华，成就属于你的不一样的人生！

**灵感碰碰车**

通过这节课的学习，你对自己的爱好有了有哪些新认识？

 **知心生涯链**

1.《新月集·飞鸟集》，泰戈尔，中华书局（2012年）

2.《居里夫人传》，艾芙·居里，商务印书馆（2014年）

3. 电影《飞驰人生》，韩寒导演（2019年）

# 3 快乐追梦人

对于这个目标必须要去做的一些事情，我会为了这个目标努力，但是我不会束缚住我的思想。其实追求梦想是一个乐趣，达没达到没关系，就需要有追求梦想那股劲儿。

——王俊凯

 **故事红地毯**

曾经有一个身体非常瘦弱的穷小子，在日记里写下了长大要当美国总统的志向。如何实现这样宏伟的抱负呢？经过思索，他拟定了一系列目标。

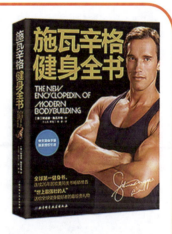

当美国总统首先要当美国州长——要竞选州长必须得到雄厚的财力后盾的支持——要获得财团的支持就一定得融入财团——要融入财团最好娶一位豪门千金——要娶一位豪门千金必须成为名人——成为名人的快速方法就是做电影明星——做电影明星前得练好身体，练出阳刚之气。按照这样的思路，他开始行动。

某日，当他看到著名的体操运动主席库尔后，他相信练健美是强身健体的好点子。他开始刻苦而持之以恒地练习健美，他渴望成为世界上最结实的壮汉。在之后的几年里，借着雕塑般的肌肉和强健体魄，他囊括了各种世界级的"健美先生"称号。

22岁时，他踏入了美国好莱坞，花费十年时间，利用自身优势，拥有了坚强不屈、百折不挠的硬汉形象。终于，他在演艺界声名鹊起。

2003年，年逾57岁的他，告老退出影坛，转而从政，成功竞选为美国加州州长。他，就是阿诺德·施瓦辛格。

亲爱的同学，你是否羡慕施瓦辛格的人生？他能够按照自己的行动规划实现自己的职业目标。你知道如何能够树立职业目标并做好行动规划吗？

# 生涯养乐多

在已经知道自己的兴趣以及所长之后，我们如何根据自己的特长和兴趣来描绘未来的梦想呢？

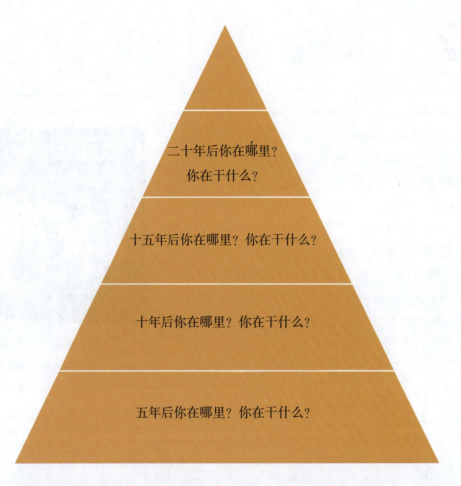

二十年后你在哪里？
你在干什么？

十五年后你在哪里？你在干什么？

十年后你在哪里？你在干什么？

五年后你在哪里？你在干什么？

**温馨小贴士**：职业目标可以分为长期目标、中期目标和短期目标。当我们把自己的中长期目标分解为一个个小的短期目标时，就有了具体的行动规划和步骤。这样做有助于个人对自己的职业生涯发展进行管理。

**走秀魔方台**

**生涯幻游**

　　想象一下：二十年后的某一天的某一个时刻，你在什么地方？周围有些什么人？他们在和你交流什么？你的着装、发型有什么变化？你在做什么？

　　通过这个幻想游戏，我们可以了解自己理想的生活状态。无论是对我们的衣着、交通工具，还是工作内容和场景的幻想，都可以让我们更加明确自己的理想和目标。

##  心灵鸡汤吧

梦想是我们成长过程中一位不可或缺的朋友。它一路陪伴我们长大长高，要想让自己的人生有意义，就要为梦想去拼搏去奋斗。梦想不是口中的宏伟蓝图，而是实际行动的践行体验。在设立了自己的职业目标后，要制定具体的行动规划，并且要落实行动。我们完全可以在每天的生活中做一些微小的事情，一步一步接近自己的理想，为实现自己的职业理想努力，做一个快乐的追梦人。

##  灵感碰碰车

通过这节课的学习，请思考一下职业目标和职业梦想之间的关系。

##  知心生涯链

1.《我的生涯手册》，吴芝仪，经济日报出版社（2008 年）

2.《适合比成功更重要》，布朗温·卢艾琳，中信出版社（2013 年）

3. 电影《摔跤吧，爸爸》，尼特什·提瓦瑞导演（2017 年）

4. 电影《叫我第一名》，彼得·沃纳执导演（2008 年）

5. 动漫《四月是你的谎言》，新川直司导演（2011 年）

# 4 职业智囊团

我的生活即是我想要传递的信息。

——甘地

## 故事红地毯

张艺谋，中国"第五代导演"代表人物之一，波士顿大学、耶鲁大学荣誉博士，北京奥运会开闭幕式总导演，北京申办 2022 年冬奥会宣传片总导演，杭州 G20 峰会文艺演出总导演。

### 从农民到摄影师和演员

1968 年初中毕业后，张艺谋在陕西插队劳动，后在咸阳国棉八厂当工人。1978 年进入北京电影学院。毕业后任广西电影制片厂摄影师。1984 年拍摄了《黄土地》。1987 年主演《老井》。

### 从《红高粱》到奥运会开闭幕式总导演

1987 年，张艺谋导演的《红高粱》，让他实现了从演员到导演的成功转型，商业大片《英雄》《十面埋伏》为他带来巨大声誉并使他成为中国电影的旗帜。北京奥运会，他面向全世界展示了一部绝对中国的完美大片，达到了自己职业生涯的巅峰。

插队农民——工人——学生——摄影师——演员——导演，一次次巨大的职业跳跃和转型，最终造就了成功的导演。

亲爱的同学，你是否好好想过自己的梦想？你想过将来自己从事什么职业吗？

## 生涯养乐多

### 职业的分类

《中华人民共和国职业分类大典》的八种职业分类

1. 国家机关、党群组织、企业、事业单位负责人；
2. 专业技术人员；
3. 办事人员和有关人员；
4. 商业、服务业人员；
5. 农、林、牧、畜、水利业生产人员；
6. 生产、运输设备操作人员及有关人员；
7. 军人；
8. 不便分类的其他从业人员。

### 职业的变迁发展

正在消失的职业

科技快速发展，未来职业变迁将越来越快。打字员、铁匠、电话接线员等很多职业已经消失了。

1. 记者——也许将来90%的记者都会失业！美国的 Narrative Science 公司，结合大数据和人工智能，利用软件开发模板、框架和算法，瞬间写出上百万篇报道，《福布斯》杂志已成为其客户。

2. 银行柜员——商业周刊中文网称，未来十年，中国大陆80%的现金使用会消失，人们逐渐选择网银或移动支付，对银行柜员的需求大幅度减少。

3. 司机、加油站管理和工作人员——无人驾驶汽车已经出现，很多汽车厂商都计划开发无人驾驶汽车。司机、驾校老师、停车执法者等职业也会随之消失。

4. 装配车间工人——随着机器人成本的下降和普及，装配车间的工作将不需要真人插手了，一批生产工人将下岗成为共识。

5. 经纪人、中介商——信息高速公路的无限发达，将来经纪人、中介商不会比普通人知道得更多。

6. 工业样品、小商品制造者——3D打印将颠覆制造业。有些东西不需要专门的人来制造了，你只需打印出来看看对不对即可。

7. 个体商户——目前，中国电商的销售额已经超过实体店的销售额。未来很多实体店，如书店、服装店、鞋店都将关闭。

**BBC公布的部分职业淘汰概率**

| 职 业 | 被淘汰概率 | 职 业 | 被淘汰概率 |
|---|---|---|---|
| 电话推销员 | 99.0% | 打字员 | 98.5% |
| 会计 | 97.6% | 保险业务员 | 97.0% |
| 银行职员 | 96.8% | 政府底层职能机构职员 | 96.8% |
| 接线员 | 96.5% | 前台 | 95.6% |
| 客服 | 91.0% | 人事 | 89.7% |
| 保安 | 89.3% | 房地产经纪人 | 86.0% |
| 工人以及瓦匠等 | 80%—60% | 厨师 | 73.4% |
| IT工程师 | 58.3% | 图书管理员 | 51.9% |
| 摄影师 | 50.3% | 演员、艺人 | 37.4% |
| 化妆师 | 36.9% | 写手、翻译 | 32.7% |
| 理发师 | 32.7% | 运动员 | 28.3% |
| 警察 | 22.4% | 程序员 | 8.5% |
| 记者 | 8.4% | 保姆 | 8.0% |
| 健身教练 | 7.5% | 科学家 | 6.2% |
| 艺术家 | 3.8% | 音乐家 | 4.5% |
| 律师、法官 | 3.5% | 牙医、理疗师 | 2.1% |
| 建筑师 | 1.8% | 公关 | 1.4% |
| 心理医生 | 0.7% | 教师 | 0.4% |
| 酒店管理者 | 0.4% | — | — |

## 新兴的职业

不知不觉，随着社会经济生活的发展，我们身边多了许多新兴职业。一些新兴职业"脑洞大开"的程度，超出很多人的想象。

家里太乱了，请个整理收纳师帮你"断舍离"；

慢跑容易伤膝盖，雇一个陪跑师专业指导；

出游没想好住哪个酒店，可以看看酒店试睡员给出的评价；

还有食物造型师、无人机飞手、服装陪购师、时尚博主、网络主播……

的确，借着经济发展的大势，新的消费需求不断被激发，市场领域被细分再细分，造就了一个个崭新的职业。比如，一份食物，光好吃还不行，还得看起来诱人食欲，于是，一个给食品"做美容""拗造型"的职业——食物造型师华丽诞生了。

可以看到，新兴职业多属于服务行业，赚的是"智慧钱"和"个性钱"。比如，酒店试睡员的工作并没有想象中那么简单：不仅试睡前需要做大量案头工作，入住酒店后还必须对种种细节观察入微，并用大量引人入胜的文字、图片和视频来描述住宿体验，对一个人的综合素质要求非常高。

智联招聘近几年在多次调查中发现，传统的雇佣关系已逐渐被打破，年轻一代不喜欢打卡、固定工时、科层管理的传统公司。而风起云涌的新经济，让工作的定义变得更加丰富和精彩。越来越多的80后、90后，选择了全新的就业模式，在彰显个性的同时，也为社会带来更多的活力。

**谈一谈**

> **了解身边人的职业**
>
> 职业名称：_____
>
> 工作地点：_____
>
> 他（她）每天都做些什么：_____
>
> 他（她）是如何找到这份工作的：_____

**想一想**

　　亲爱的同学们，你希望将来从事什么工作呢？你的梦想职业又是什么呢？你为之做过规划与准备吗？有一位同学"梦想起航"的号声已经奏响，看看对你有何启发吧！

> **我的梦想职业：汽车设计师**
>
> 我打算为了梦想做这些事：
>
> 1. 查阅汽车图片，模仿画汽车模型。
> 2. 学好物理，了解汽车内部原理。
> 3. 了解日系与德系汽车的区别。
> 4. 学习英语，以后有机会到国外去学习。
> 5. 学好电脑软件，以后要用电脑绘图。

> **合理目标 + 科学计划 + 大量行动 = 成功**
>
> 　　亲爱的同学们，你设定过自己的职业目标吗？你把这些记录下来了吗？针对职业目标，你有制定实践计划吗？行动起来，让我们离自己的目标越来越近吧！

### 如何把生命中的点点滴滴串联起来

史蒂夫·乔布斯，苹果公司联合创办人，被认为是计算机业界与娱乐业界的标志性人物，先后领导和推出了麦金塔计算机（Macintosh）、iMac、iPod、iPhone、iPad 等风靡全球的电子产品，深刻地改变了现代通讯、娱乐、生活方式。

乔布斯跟着自己的直觉和好奇心走。他就读的 Reed 大学里面的每个海报、抽屉的标签上面全都是漂亮的美术字。乔布斯对美术字课程很感兴趣，就参加了课程，去学习怎样写出漂亮的美术字。他学到了 San serif 和 Serif 字体；学会了怎么样在不同的字母组合之中改变空格的长度；怎么样才能做出最棒的印刷式样。那是一种科学永远不能捕捉到的、美丽的、真实的艺术精妙，他发现那实在是太美妙了。

当时看起来这些东西在他的生命中，好像都没有什么实际应用的可能。但是十年之后，当他们在设计第一台电脑的时候，他把当时学的全都运用于 Mac——那是第一台使用了漂亮的印刷字体的电脑。如果他当时没有参加这个感兴趣的美术字课程，Mac 就不会有这么多丰富的字体、赏心悦目的字体间距，那么个人电脑就不会有现在这么美妙的字形了。

所以你必须相信今天你学的某些感兴趣的片断，会在未来的某一天串联起来。这个过程会让我们的生命更加与众不同。

## 寿司之神
### ——一辈子追求极致的料理匠人

"数寄屋桥次郎（*Sukiyabashi Jiro*）"小店举世闻名，连续两年荣获米其林三星餐厅的最高冠冕。全日本只有两间三星级的寿司吧，这就是其中之一。这家寿司店位居银座办公大楼地下室，许多来自世界各地的饕客慕名而来，只为品尝"寿司第一人"——小野二郎超过 50 年的寿司功夫。

这家寿司店从外观看来朴素无比，甚至有点寒碜。尽管他们的餐厅只有十个座位，厕所甚至在外面，尽管需提前一个月订位，一餐 15 分钟，人均消费 3 万日元起，吃过的人还是会感叹，这是"值得一生等待的寿司"。

小野二郎从最好的鱼贩子那里买鱼，从最好的虾贩子那里买虾，从最好的米贩子那里买米。从醋米的温度，到腌鱼的时间长短，再到按摩章鱼的力度，小野二郎都亲自监督，所有的细节都要亲自过问。他会根据顾客的性别、用餐习惯精心安排座位，时时关注客人的用餐情况以作调整。

小野二郎曾说："一旦你决定好职业，你必须全心投入工作之中，你必须热爱自己的工作，和你的工作坠入爱河……千万不要有怨言，你必须穷尽一生磨炼技能，这就是成功的秘诀……即使到了我这个年纪，工作也还没有达到完美的程度……我会继续攀爬，试图爬到顶峰，但没人知道顶峰在哪里。"这样的敬业、严格、追求卓越的精神，才成就了一代大师。

小野二郎仍如七十多年前刚进入这一行时一样充满热情、保持严谨。如果有差别，只能说，他"每一天的要求只会更高"，"寿司总要比上一次更美味"。

亲爱的同学们，去看一部有关职业的电影或纪录片，深入了解一下不同职业背后的故事。写出你的感悟：_____

 **知心生涯链**

1.《让梦想起飞》，何一萍、李萍，江苏科学技术出版社（2016 年）
2. 电影《阳光小美女》，乔纳森·戴顿导演（2006 年）
3. 纪录片《寿司之神》，大卫·贾柏导演（2011 年）

#  5 我的穿越季

一个人在与其人格类型相一致的环境中工作，容易感受乐趣和内在满足，最可能充分发挥自己的才能。

——霍兰德

 ## 故事红地毯

每到假期，上海学生的"暑期职业体验季"都如火如荼地开展着，上海19所中职校顿时成为中小学生游玩的"主战场"。在活动中，学生们邂逅各行各业，学生、学校均能从中受益。

第一次动手制作肥皂，第一次拿起电焊笔，第一次体会劳动的快乐……这些经历令学生及家长们印象深刻。

家长们都说，通过职业体验，孩子既能接触到各行各业，又能在实际操作中锻炼动手能力，还能为以后合理规划职业生涯打基础，简直是"一举三得"。职业体验一方面能拓展其对行业的认识，更多地了解社会；另一方面通过职业体验，帮助其发现、发挥自己的兴趣特长，对今后的发展大有裨益。

家长可以适时引导孩子尝试职业体验，一定会得到意想不到的收获。

你曾经体验过哪种职业吗？体验后有怎样的感受？

## 生涯养乐多

**职业选择**

指个人对于自己就业的种类、方向的挑选和确定。它是人们真正进入社会生活领域的重要行为，是人生的关键环节。

**人—职匹配理论**

人事选拔领域中有两种重要的选拔模式：人职匹配和人与组织匹配。人职匹配主要是指个人的能力和工作要求之间的匹配。

# 走秀魔方台

## 识图说职业

1. 请按照你的认识，填写下列表格。

2. 请你在下述表格列出的职业中选择三种你最想从事的职业。

（1）＿＿＿＿＿＿＿＿　　（2）＿＿＿＿＿＿＿＿　　（3）＿＿＿＿＿＿＿＿

3. 为了能胜任你理想的职业，你认为需要做哪些准备？

＿＿＿＿＿＿＿＿＿＿＿＿＿＿＿＿＿＿＿＿＿＿＿＿＿＿＿＿＿＿＿＿＿＿＿＿＿＿

＿＿＿＿＿＿＿＿＿＿＿＿＿＿＿＿＿＿＿＿＿＿＿＿＿＿＿＿＿＿＿＿＿＿＿＿＿＿

| 职　业 | 名　称 | 职业内容 | 所需技能 | 职业收入 | 工作时长 | 可能遇到的困难 |
|---|---|---|---|---|---|---|
| | | | | | | |
| | | | | | | |
| | | | | | | |

| 职 业 | 名 称 | 职业内容 | 所需技能 | 职业收入 | 工作时长 | 可能遇到的困难 |
|---|---|---|---|---|---|---|
| |  |  |  |  |  |  |
|  |  |  |  |  |  |  |
|  |  |  |  |  |  |  |
|  |  |  |  |  |  |  |
|  |  |  |  |  |  |  |
|  |  |  |  |  |  |  |

| 职 业 | 名 称 | 职业内容 | 所需技能 | 职业收入 | 工作时长 | 可能遇到的困难 |
|---|---|---|---|---|---|---|
| | | | | | | |
| | | | | | | |
| | | | | | | |
| | | | | | | |
| | | | | | | |
| | | | | | | |

| 职　　业 | 名　称 | 职业内容 | 所需技能 | 职业收入 | 工作时长 | 可能遇到的困难 |
|---|---|---|---|---|---|---|
|  |  |  |  |  |  |  |
|  |  |  |  |  |  |  |
|  |  |  |  |  |  |  |
|  |  |  |  |  |  |  |
|  |  |  |  |  |  |  |
|  |  |  |  |  |  |  |

| 职　业 | 名　称 | 职业内容 | 所需技能 | 职业收入 | 工作时长 | 可能遇到的困难 |
|---|---|---|---|---|---|---|
|  |  |  |  |  |  |  |
|  |  |  |  |  |  |  |
|  |  |  |  |  |  |  |
|  |  |  |  |  |  |  |
|  |  |  |  |  |  |  |
|  |  |  |  |  |  |  |

| 职　业 | 名　称 | 职业内容 | 所需技能 | 职业收入 | 工作时长 | 可能遇到的困难 |
|---|---|---|---|---|---|---|
| |  |  |  |  |  |  |
|  |  |  |  |  |  |  |
|  |  |  |  |  |  |  |
|  |  |  |  |  |  |  |
| 其他<br>（若上面没有你喜欢的职业，请你自己补充） |  |  |  |  |  |  |

## 心灵鸡汤吧

每个人都会长大，都会选择属于自己的职业，而选择职业并不是一蹴而就的事情，需要从现在就开始准备。从现在起，让我们一起开始探索和规划自己的未来吧！

 ## 灵感碰碰车

如果你穿越到了十年后，你会从事什么职业？你从事的职业会是什么样的？

 ## 知心生涯链

1.《给孩子的职业启蒙系列（全 8 册）》，史蒂夫·马丁，中信出版社（2019 年）

2.《长大后我要做什么》，陈昕，中国大百科全书出版社（2018 年）

3.《各种各样的职业（全 10 册）》，柏叶幸子，北京联合出版有限公司（2018 年）

# 6 走进坚守者的世界

"能够负责"是人类存在最重要的本质。

——维克多·费兰克

## 故事红地毯

　　袁隆平先生，是中国杂交水稻事业的开创者，被誉为当代神农，是一位真正的耕耘者。他毕生的梦想，就是让所有的人远离饥饿。

　　他为什么会在风华正茂之时违背母愿选择了艰苦而陌生的农学，去田间地头像农民一样辛勤劳作？因为他看到了中国沉重的历史与满目疮痍的现状。他肩负着历史的使命感，他用强烈的社会责任感，将自己所学投入到岗位中去。

　　在他研究之初，为了获得一株水稻天然雄性不育株，用了整整两年时间，顶着烈日踏遍了当地所有的稻田，共检查了 14000 个稻穗。

　　50 多年来，他始终在农业科研的第一线辛勤耕耘、不懈探索，为人类运用科技手段战胜饥饿带来绿色的希望和金色的收获。他的卓越成就，不仅为解决中国人民的温饱和保障国家粮食安全作出了贡献，更为世界和平和社会进步树立了丰碑。

　　亲爱的同学，在了解了"水稻之父"袁隆平的事迹之后，我们也感受到了他强烈的使命感和责任心。那么，什么是责任呢？

**生涯养乐多**

人一旦受到责任感的驱使，就能创造出奇迹来。

——亨利·路易斯·门肯

 **走秀魔方台**

**社会实践**

1. 找出各行各业里的领军人物，感受和剖析他们的成就来自使命感和社会责任感。

2. 说说自己在社会实践活动中最具有责任心的一次经历，并将你的感受记录下来。

通过这个活动，我们感知了自己的责任感，明确了责任感是做成一件事的保障。

## 心灵鸡汤吧

### 自我测试

**我是一个有责任感的人吗？**

**1. 我对自己的学习负责任吗？**

A. 我学习主动，完全不需要父母和老师为我操心。

B. 我学习比较认真，但需要父母和老师对我主动指点或安排。

C. 我对学习还算在意，不过没人提醒的时候我容易管不住自己。

D. 没有人提醒我就不学习，就算有人来帮助我，我也坚持不了。

**2. 我对班级卫生负责任吗？**

A. 就算只有我一个人，我也会坚持把教室打扫干净再走。

B. 粗略地打扫一下整个教室，使教室卫生勉强符合要求。

C. 打扫完属于我责任区域的部分，其他的我不管。

D. 反正大家都跑了，要罚大家明天一起罚。

**3. 我对班级纪律负责任吗？**

A. 只要有人破坏纪律，我就会站出来维持班上的纪律，保证大家的学习氛围。

B. 我能管好我周围的人，远处的人就算了。

C. 我做好自己就行了，别的人我也管不住。

D. 我往往就是破坏班级纪律的人。

**4. 我对班级工作负责任吗？**

A. 班级工作只要我看到了，都会负责到底。

B. 职责内的事情我一定会严格地做好，职责外的事，我没必要做。

C. 我负责的部分都时不时地出点问题，我没有精力管别的事。

D. 班级工作很花精力，还容易被老师批评，又容易得罪人，我才不管呢。

**5. 我对父母的看法是怎样的？**

A. 我很感激父母为我做的一切，我会努力学习来回报他们。

B. 我也希望能用好成绩回报他们，但有时候力不从心。

C. 老师会因为我的表现把我的父母叫来谈话，我心里有触动，可过几天又忘了。

D. 我表现不好，是因为父母不管我或是管得太多了。

### 6. 我对读书的目的的认识是怎样的？

A. 为实现自己的理想，我会认真努力，对自己的一生负责。

B. 为了不辜负父母、亲朋、恩师对我的期望。

C. 我不知道理想与现实的关系，我进这个学校的目的就是为了考一所好高中。

D. 因为大家都来学校上学，我不知道我这个年纪除了上学还能做什么。

### 7. 对待班级、学校活动，我是什么态度？

A. 积极参加，为班级争得荣誉，并帮助老师开展活动。

B. 我内心想参加，如果老师点到我了，我会积极努力地参与，争取取得最好的成绩。

C. 老师要选人的时候，我尽量让老师看不见我。

D. 这些事情从来与我无关，我只想轻松地休息。

评定：

得 A 多：你的责任感很强，表现在学习、生活、工作、交往等各个方面，是个让人欣赏的孩子。希望你保持住你良好的状态，踏踏实实向前走，必定能实现你的理想！

得 B 多：你比较有责任感，但有时在一些事情的判断上不够坚定。希望你坚定目标，踏实脚步，坚持不懈地朝更高的目标走去！

得 C 多：你的责任感不强，经常需要依靠他人的指引与帮助。希望你能提高责任意识，这样的学习与生活才能更主动，获得更多意想不到的效果！

得 D 多：你的责任感欠缺，懒惰和漠不关心经常打败你！你要积极调整自己的状态，才能获得更多的肯定和成绩！

**灵感碰碰车**

总而言之，在明确岗位、明晰自我之后，我们就有了前进的动力和方向。把自己的动力和方向融入实践中，做好每件小事，肩负自己应尽的每一份责任，培养自己的责任心，就能一步一步接近自己的理想。

亲爱的同学，通过这节课的学习，你想好如何通过岗位体验来培养责任感了吗？

 **知心生涯链**

1.《我的生涯手册》，吴芝仪，经济日报出版社（2008年）

2.《思想者——查尔斯·汉迪自传》，查尔斯·汉迪，中国人民大学出版社（2006年）

#  7 适应小达人

既然不能驾驭外界，我就驾驭自己；如果外界不适应我，那么我就去适应他们。

——蒙田

 ## 故事红地毯

初中生小蕾在开学后不久就几次找到班主任老师要求退学。小蕾写得一手好文章，还弹得一手好吉他。入校不久，她就因文笔出众被校内文学团体破格吸收为会员。小蕾的班主任听说她要退学很吃惊。小蕾要退学的理由主要是：觉得同学们故意疏远她，总在背后议论她，以至于她感觉"大家都挺虚伪的，一回到家，就头晕胸闷"，甚至觉得"活着没意思"。当小蕾讲到这一点时，就变得烦躁不安，最后竟然泪流满面。

小蕾为什么要退学？小蕾的不适应表现在什么地方？小蕾可以怎么做？

人对环境的适应，主要是对人际关系的适应。有了良好的人际关系，有了支持的力量，有了归属感和安全感，心情才能愉快。

当我们到了一个新的环境，一切都是陌生而又新鲜的，新的学校、新的老师、新的同学……如何学会与他人相处，建立良好的人际关系，迅速地适应融入新的集体呢？

 ## 生涯养乐多

### 人际交往的黄金法则

你希望别人怎么对待你，你就怎样对待别人。

### 人际交往的白金法则

别人希望你怎么对待他们，你就怎样对待他们。

你有什么人际交往的法则呢？

## 小小调查家

### 调查问卷

请仔细阅读，然后从每个题目后面所附的三种备选答案中选出一个与你实际情况相符的选项。

1. 每到一个新的地方新的环境，我很容易同不熟悉的人接近并交谈。
　A. 是　　　　　　　　B. 无法肯定　　　　　　　C. 不是

2. 我最喜欢学习新学科新知识新技能，它给我一种新鲜感，能调动我的积极性。
　A. 是　　　　　　　　B. 无法肯定　　　　　　　C. 不是

3. 即使有的同学对我有偏见，我仍能同他（她）交往。
　A. 是　　　　　　　　B. 无法肯定　　　　　　　C. 不是

4. 和同学、老师、家人相处，我很少固执己见，乐于采纳别人的意见。
　A. 是　　　　　　　　B. 无法肯定　　　　　　　C. 不是

5. 在考试比赛等关键时刻，我虽然很紧张，但总能很快使自己镇定下来。
　A. 是　　　　　　　　B. 无法肯定　　　　　　　C. 不是

6. 我很喜欢参加各种活动，认为这是锻炼自己和结交朋友的好机会。
　A. 是　　　　　　　　B. 无法肯定　　　　　　　C. 不是

7. 在陌生人面前，我常感到焦虑，经常无话可说，只想尽快离开。
　A. 是　　　　　　　　B. 无法肯定　　　　　　　C. 不是

8. 越是人多的地方，我越感到紧张，有时甚至感到呼吸困难。
　A. 是　　　　　　　　B. 无法肯定　　　　　　　C. 不是

9. 我最怕在班上发言，全班同学都看着我，我紧张得讲话都断断续续。
　A. 是　　　　　　　　B. 无法肯定　　　　　　　C. 不是

10. 老师在场的时候，我做事情总有些不自在，注意力也不能集中。
　A. 是　　　　　　　　B. 无法肯定　　　　　　　C. 不是

评分方法：

1. 1—6题：是：2分，无法肯定：0分，不是：—2分。

2. 7—10题：是：—2分，无法肯定：0分，不是：2分。

将各题的得分相加，即得总分。

16—20分：社会适应能力很强，能很快地适应新的学习、生活环境，与人交往轻松、大方，给人的印象极好，无论进入什么样的环境，都能应付自如。

10—15分：社会适应能力良好。

10分以下：社会适应能力一般，难以进入一个新环境。

**活动一：想一想**

　　在家长、老师、同学眼里聪明伶俐、多才多艺的小蕾究竟怎么啦？她为什么要提出退学？小蕾的不适应表现在哪里？

　　小蕾主要由于在适应初中的人际关系环境中遇到了挫折，在人际交往中出现人际关系敏感问题，对同学比较敏感和多疑，心里感到紧张和不安，进而觉得自己与周围的人格格不入，产生心理压力，遂产生退学想法。

　　小蕾的困惑你有吗？

1. 踏入新环境之后，你有哪些不适应的表现？

_____

2. 说说你对新生活的感受？

_____

**活动二：填一填**

　　你觉得小学到初中有哪些变化？

| 内　容 | 变　　化 |
| --- | --- |
| 生活上 | |
| 学习上 | |
| 交往上 | |

　　许多同学都存在对新生活的不适应，会产生许多困惑，所以你不必太紧张。

从前，有个脾气很坏的小男孩，总是惹人讨厌。一天，小男孩的父亲给了他一大包钉子，要求他每发一次脾气都必须用铁锤在他家后院的栅栏上钉一颗钉子。第一天，小男孩共在栅栏上钉了 37 颗钉子。由于学会了控制自己的愤怒，小男孩每天在栅栏上钉钉子的数目逐渐减少了。他发现控制自己的脾气比往栅栏上钉钉子容易多了……最后，小男孩变得不爱发脾气了。

他把自己的转变告诉了父亲。他父亲建议说："如果你能坚持一整天不发脾气，就从栅栏上拔下一颗钉子。"经过一段时间，小男孩终于把栅栏上所有的钉子都拔掉了。

父亲拉着他的手来到栅栏边，对小男孩说："儿子，你做得很好。但是，你看一看那些钉子在栅栏上留下的那么多小孔，栅栏再也不会是原来的样子了。当你向别人发过脾气之后，你的言语就像这些钉孔一样，会在他们的心中留下疤痕。你这样做就好比用刀子刺向某人的身体，然后再拔出来，无论你说多少次对不起，那伤口都会永远存在。其实，口头对人们造成的伤害与伤害人们的肉体没什么两样。"

我们每个人都避免不了动怒，愤怒也是自身情绪的一种。愤怒总会无意中伤害到别人。肉体上的伤疤可以痊愈，但心灵上的伤疤总会留下痕迹，难以消失。因此我们要改掉这些坏毛病，努力使自己成为一个容易接受别人和被人接受的人。

碰到不如意的事，你是如何调节自己的情绪的呢？

41

# 心灵鸡汤吧

如何尽快融入新的环境呢？这里有七个锦囊，只要将其运用在日常生活中，相信便能从容地度过适应期。

**攻略一：事先做好思想准备**

对在新环境中即将出现的各种现象和问题，应有足够的认识，做到思想上重视、心理上有准备，到时候行为上才能够接受。有备而来，心理上的承受能力会大大增强。

**攻略二：尽快熟悉学校环境**

新生入校后，应及时参观校园、宿舍，熟悉自然环境，同时，应对学校各方面的情况，如：上下课时间、学校的规章制度、所在班级科任老师、专用教室、学校社团等进行更多的了解，增加感性认识，消除陌生感觉。

**攻略三：主动交新朋友**

有计划地积极参与各种活动，拓展自己的社交圈子，与周围的同学主动沟通，锻炼自己解决问题的能力。

**攻略四：加强生活规律**

在生活方面，要自觉遵守学校有关规定，计划好自己的作息时间，养成良好的生活习惯，提高生活自理能力。

**攻略五：开始思考和规划自己的生活**

新生入校后的主要任务是学习，同时还要开始探索和规划自己的人生方向和职业道路。成功是短期目标不断实现和累积的结果。

**攻略六：注重人格的修炼**

开始尝试独立和担当，学会自我接纳，学会感恩、包容、接纳和尊重。注重人格的修炼，走出以自我为中心，学会为自己负责。

**攻略七：主动寻求帮助**

进入一个新的环境，有不适应的感觉是很正常的，遇到自己解决不了的问题的时候要主动寻求老师和同学们的帮助。善于合理获得他人的帮助，是现在社会的一项重要的适应能力。

## 灵感碰碰车

通过这节课的学习，你对进入新环境、融入新的集体、和他人建立良好的人际关系有了哪些新认识?

## 知心生涯链

1. 《小王子》，安托万·德·圣·埃克苏佩里，江苏人民出版社（2015 年）

2. 《与人相处很简单》，杜延起，清华大学出版社（2017 年）

3. 电影《头脑特工队》，皮特·道格特导演（2015 年）

# 8 猜猜我是谁

你的时间有限，不要浪费于重复别人的生活。不要让别人的观点淹没了你内心的声音。一个人没有认清自己的真面目，不能深明自己的优势所在，就不能把命运掌握在自己的手中，也不可能取得成功。

——卡耐基

## 故事红地毯

羊长得矮，骆驼长得高。羊说："长得矮好。"骆驼说："不对，长得高才好呢。"羊说："我可以做一件事，证明矮比高好。"骆驼说："我也可以做一件事，证明高比矮好。"

他们走到一个四面有围墙的园子旁边，里面种满了树。骆驼一抬头就吃到了树叶。羊抬起前腿，趴在墙上，脖子伸得老长，还是吃不着。骆驼说："你看，这可以证明了吧！高比矮好。"羊摇了摇头，不肯认输。

他们俩又走了几步，看见围墙有个又窄又矮的门。羊大模大样地走进门去吃院子里的草。骆驼跪下前腿，低下头，往门里钻，怎么也钻不进去。羊说："你看，这可以证明了吧！矮比高好。"骆驼摇了摇头，也不肯认输。

他们去找老牛评理。老牛说："你们俩都只看到自己的长处，没有看到自己的短处。"

亲爱的同学，动物有自己的长处、短处，我们人也是如此。你是否会像骆驼和羊那样只看到自己的长处，又或者只看到自己的短处呢？你是否能努力挖掘自己的优点，正确对待自己的不足呢？

## 生涯养乐多

一个人一定要学会从远处看自己，因为每个人都有自己的特点、亮点和盲点。在成长过程中，需要我们不断挖掘、发挥自己的亮点；用开放的心态和包容的视角来接纳自身的盲点；要努力挖掘自身的特点，优于过去的自己。学会相信自己，因为在这个世界上，每个人都是独特的。

 ## 走秀魔方台

### YES 起立　NO 请坐

| | | | | |
|---|---|---|---|---|
| 1. 能言善辩 | 2. 善于动脑 | 3. 动手能力强 | 4. 为人友善 | 5. 独立思考 |
| 6. 聪明伶俐 | 7. 乐于助人 | 8. 善于交流 | 9. 喜爱冒险 | 10. 待人诚实 |
| 11. 富有自信 | 12. 坚韧不拔 | 13. 待人宽容 | 14. 做事粗心 | 15. 容易生气 |
| 16. 处事勇敢 | 17. 充满想象力 | 18. 热爱运动 | 19. 遇事冲动 | 20. 表达能力强 |
| 21. 独立性强 | 22. 性格内向 | 23. 热爱学习 | 24. 喜欢偷懒 | 25. 乐观向上 |
| 26. 待人宽厚 | 27. 待人友善 | 28. 喜欢交朋友 | 29. 喜爱旅游 | 30. 喜欢听音乐 |
| 31. 沟通能力弱 | 32. 为人热情 | 33. 专注力强 | 34. 胆小怕事 | 35. 责任心强 |
| 36. 多愁善感 | 37. 机智敏捷 | 38. 自尊心强 | 39. 不拘小节 | 40. 应变能力弱 |
| 41. 沉着冷静 | 42. 具有亲和力 | 43. 缺乏耐心 | 44. 组织能力强 | 45. 踏实认真 |
| 46. 自控力很强 | 47. 活泼开朗 | 48. 固执己见 | 49. 脾气急躁 | 50. 处事拘谨 |
| 51. 善于忍耐 | 52. 富有好奇心 | 53. 斤斤计较 | 54. 富有正义感 | 55. 害羞腼腆 |
| 56. 有上进心 | 57. 容易焦虑 | 58. 依赖性强 | 59. 待人有礼 | 60. 做事有计划 |

请一名同学大声说出特质表中的特质，同学们认为符合自己的就站起来，不符合自己的就请坐下。

那么多的特质，哪些特质是符合你的呢？请记下它的序号，形成属于你自己的密码吧！

你能找到与你密码相同的人吗？为什么？

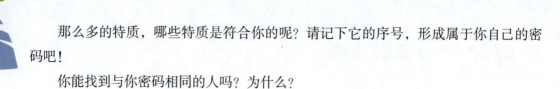

**我来解密**

请分享自己的特质，并用具体实例说明其中的一个特质。

我的密码是 _____

我想和大家分享的特点是 _____

具体事例 _____

_____

_____

_____

_____

## 自我探索

　　静下心来，进行自我探索吧！

我是一个爱自由的我。　　　　　　我是一个＿＿＿＿＿＿＿＿＿＿＿

我是一个粗心的我。　　　　　　　我是一个＿＿＿＿＿＿＿＿＿＿＿

我是一个性格内向的我。　　　　　我是一个＿＿＿＿＿＿＿＿＿＿＿

我是一个难言放弃的我。　　　　　我是一个＿＿＿＿＿＿＿＿＿＿＿

我是一个爱睡懒觉的我。　　　　　我是一个＿＿＿＿＿＿＿＿＿＿＿

　　所以，想要认识自己首先要学会自我探索、自我总结。尝试走进自己的内心，探索自己身上的奥秘，不是很有趣吗？

## 他人眼中的我

　　请从正面的角度来评价你的同桌，并说说是因为什么事让你感到他／她有这个特质？

我的同桌他／她是一个 ＿＿＿＿＿＿＿＿＿＿＿＿＿＿＿＿＿＿＿

＿＿＿＿＿＿＿＿＿＿＿＿＿＿＿＿＿＿＿＿＿＿＿＿＿＿＿＿＿＿＿＿＿

＿＿＿＿＿＿＿＿＿＿＿＿＿＿＿＿＿＿＿＿＿＿＿＿＿＿＿＿＿＿＿＿＿

＿＿＿＿＿＿＿＿＿＿＿＿＿＿＿＿＿＿＿＿＿＿＿＿＿＿＿＿＿＿＿＿＿

＿＿＿＿＿＿＿＿＿＿＿＿＿＿＿＿＿＿＿＿＿＿＿＿＿＿＿＿＿＿＿＿＿

　　其实，要想认识自己，除了要学会自我探索、自我总结外，还可以从他人的评价中获取信息。正所谓当局者迷，旁观者清，就是如此。

**小小分析家**

初一年级女生小樱一直认为自己很受他人欢迎。有一天，她无意间听到同学们议论她总是装可爱，有大小姐脾气。为此，小樱感到非常伤心，她想："难道我真是这样的吗？"

如果你是小樱，你会怎样做，你对小樱有什么建议吗？

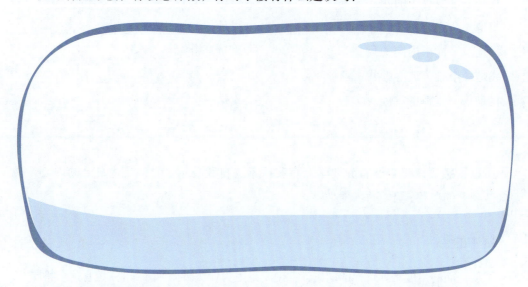

有时，他人对我们的评价可能是负面的，我们听到了会难过，甚至愤怒。人与人交往的过程中，是避免不了被评价的。那么，我们又应该如何正确对待他人的负面评价呢？

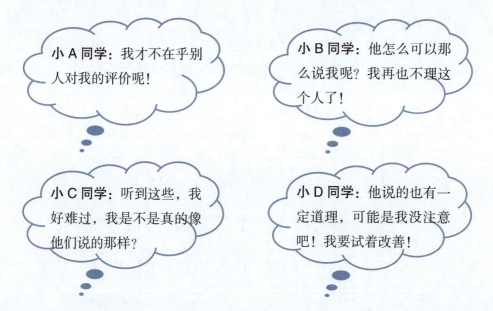

小 A 同学：我才不在乎别人对我的评价呢！

小 B 同学：他怎么可以那么说我呢？我再也不理这个人了！

小 C 同学：听到这些，我好难过，我是不是真的像他们说的那样？

小 D 同学：他说的也有一定道理，可能是我没注意吧！我要试着改善！

以上几位同学的看法，你更倾向于哪一位呢？理由是什么？或者你有什么不同的想法，和大家一起交流一下吧！

在认识自己、了解自己的过程中，重视他人评价是全面认识自己的有效途径，但切记不要被他人的评价所左右。

## 心灵鸡汤吧

有哪些方法可以帮助我们认识、了解自己呢？我们可以参加学校集体活动来探索未知的自己，我们也可以从成功与失败中总结经验来认识自己。除了对自己进行观察与总结之外，我们还可以从他人的评价中来了解自己哦！

### 每个人都是独一无二的

每个人都有自己的优点与不足，正是这些优点与不足形成了"独一无二的我"。

### 怎样认识独一无二的我

自我——善于发现，善于总结（集体活动中、成功与失败中）。
他人——正确对待他人评价。

**灵感碰碰车**

通过这节课的学习，你认为自己的特质可以发挥在哪些方面呢？

 **知心生涯链**

1.《认识自我》，刘津，海潮出版社（2009 年）

2.《我们这样长大成人（青年人的自我认知及社会因素）》，吴波，社会科学文献出版社（2015 年）

3.《我就是最大的金矿·认识自我》，沃建中、李二霞，北京航空航天大学出版社（2010 年）

# 9 我有我精彩

对于普通人来说，一生最重要的功课就是学会接受自己。

——荣格

## 故事红地毯

1982 年 12 月 4 日，力克·胡哲出生于澳大利亚墨尔本。他天生没有四肢，只有左侧臀部以下的位置有一个带着两个脚趾头的小"脚"。尽管身体残疾，但父母并没有放弃对他的教育。在他六岁时，父亲教他如何用身体仅有的"小鸡脚"打字。而母亲则为他特制了一个塑料装置，好让他学会"握笔"写字。因身体残疾，胡哲饱受同学的嘲笑和欺侮。即便身有残疾，但他仍积极学习游泳、打字、读书、交朋友，尝试一切普通人所做的事情。如今，通过他的不懈努力，他已成为澳大利亚著名演讲家，去往世界各地进行演讲，讲述自己的人生历程，震撼了全世界的人。他在 2005 年被提名为"澳大利亚年度青年"；2008—2009 年间胡哲两次来到中国，在各所高校举行演讲；2010 年出版自传式书籍《人生不设限》，2013 年 5 月 14 日开启东南亚巡回演讲；2014 年出版书籍《坚强站立：你能战胜欺凌》。

亲爱的同学，你佩服胡哲的坚强与勇敢吗？他没有自暴自弃，而是接纳自己，为自己谋得一条光明道路。我们每个人的身上都有优点与不足，我们应该如何看待呢？

 **生涯养乐多**

　　每个人都有自己的优点与不足，想要提升自己，关键在于你是如何看待它们的。其实，提升自己的第一步就是发挥所长，因为每个人都有自己的精彩之处，发挥所长可以让我们获得自信心，提升个人能力。对于自身的短板，要从内心承认并接纳它，不要总是纠结于自身的不足，要学会接受自己的不完美并积极地去改善它。

 **走秀魔方台**

### 小小调查家

1. 你了解自己的特点吗？（　　　）

A. 非常了解　　　　　　B. 比较了解　　　　C. 一般　　　　D. 不了解

2. 你是从哪些途径认识到自己的特点？（　　　）

A. 自我观察与总结　　　　　　B. 了解他人对自己的评价

C. 做心理测试　　　　　　D. 其他途径＿＿＿＿＿＿

3. 当得到他人的赞扬时，你会（　　　）。

A. 欣然接受　　　　　　B. 谦虚回复

C. 觉得这是客气话　　　　　　D. 无所谓

4. 当面对他人对你的负面评价时，你会（　　　）。

A. 冷静地分析、反省自己是否存在这方面的不足

B. 表面赞同，其实心里觉得很没面子

C. 尽管觉得别人说得有道理，但碍于面子，用其他理由为自己辩护

D. 无所谓

5. 你喜欢在他人面前展现自己的优点吗？（　　　）

A. 是　　　　　　B. 否

6. 你会刻意地掩饰自己的不足吗？（　　　）

A. 是　　　　　　B. 否

力克·胡哲的父母从未放弃过对他的培养。胡哲的父亲是一名电脑程序员，还是一名会计。在他18个月时，他的父亲便把他放到泳池中，让他学习游泳。6岁时，他的父亲开始教他用两个脚趾打字。后来，8岁时，胡哲被父母送进当地一所普通小学就读。没有父母陪在身边，胡哲难免受到同学嘲笑，这使他非常消沉。在此期间双亲一直鼓励他学会战胜困难，他也逐渐交到了朋友。直到13岁那年，胡哲看到一篇刊登在报纸上的文章，介绍一名残疾人自强不息，给自己设定一系列伟大目标并完成的故事。他受到启发，决定把帮助他人作为人生目标。

如今，回想起那段倍感艰辛的学习经历，胡哲认为这是父母为让他融入社会作出的最佳抉择。"对我而言那段时间非常艰难，但它让我变得独立。"事实上，他现在拥有"金融理财和地产"学士学位。经过长期训练，残缺的左"脚"成了胡哲的好帮手，它不仅帮助他保持身体平衡，还可以帮助他踢球、打字。他要写字或取物时，也是用两个脚趾头夹着笔或其他物体。"我管它叫'小鸡腿'。"胡哲开玩笑地说，"我在水里时可以漂起来，因为我身体的80%是肺，'小鸡腿'则像是推进器。"游泳并不是胡哲唯一的体育运动，他对滑板、足球也很在行，"最喜欢英超比赛"。他还能打高尔夫球。他先看射击的方向，然后在击球时，他用下巴和左肩夹紧特制球杆进行击打。胡哲在美国夏威夷学会了冲浪，他甚至掌握了在冲浪板上360度旋转这样的超高难度动作。由于这个动作属首创，他完成旋转的照片还刊登在《冲浪》杂志封面上。"我的重心非常低，所以可以很好地掌握平衡。"他平静地说。

看了力克·胡哲的人生历程，结合自身情况，让我们一起思考以下几个问题吧。

1. 我们从力克·胡哲的身上看到了自信、乐观、坚强等优点。每个人都有自己的优点，请进行自我探索，挖掘自己的优点，说说哪些优点得到了充分发挥，哪些优点容易被自己忽视，在以后的生活和学习中要如何将其充分发挥。

_____

_____

_____

2. 挖掘了自己的优点之后，面对自身的不足，我们又应该怎样做呢？

_____

_____

_____

3. 这些不足是否可以改善？如果可以改善，我们该怎么做？

_____

_____

_____

4. 如果难以改善自己的不足，你又该怎么办？

_____

_____

_____

## 心灵鸡汤吧

我们要学会接受、尊重自己，既要接受自己的优点，也要接受自己的不足。

1. 学会自我探索，自我认识；

2. 挖掘个人潜能，展现个人优势；

3. 承认限制，扬长避短。

 ## 灵感碰碰车

　　　通过本节课的学习，你认为自己今后会如何对待自身的优势与不足？

 ## 知心生涯链

1.《人生不设限》，力克·胡哲，湖北教育出版社（2011年）

2.《全面认识自我枕边书：认识自我，感受道理》，彭倩薇，中国致公出版社（2008年）

3.《认识自我》，刘津，海潮出版社（2003年）

# 10 情绪魔法师

青春期最容易表现出喜怒哀乐的感情，而且是非常强烈的。

——尼扎米

## 故事红地毯

一天，美国陆军部长斯坦顿来到林肯总统那里，气呼呼地说有一位少将用侮辱的话指责他偏袒一些人。林肯建议斯坦顿写一封内容尖刻的信回敬那家伙。

"可以狠狠地骂他一顿。"林肯说。

斯坦顿立刻写了一封措辞强烈的信，然后拿给总统看。

"对了，对了。"林肯高声叫好，"要的就是这个！好好训他一顿，真写绝了，斯坦顿。"

但是当斯坦顿把信叠好装进信封里时，林肯却叫住他，问道："你干什么？"

"寄出去呀。"斯坦顿有些摸不着头脑了。

"不要胡闹。"林肯大声说，"这封信不能发，快把它扔到炉子里去。凡是生气时写的信，我都是这么处理的。这封信写得好，写的时候你已经解了气，现在感觉好多了吧？那么就请你把它烧掉，再写第二封信吧。"

为什么林肯让斯坦顿写了信后又要烧毁？

进入青春期后，你感觉到自己的情绪变化吗？情绪影响了你哪些方面？

## 生涯养乐多

　　情绪，是对一系列主观认知经验的通称，是多种感觉、思想和行为综合产生的心理和生理状态。最普遍、通俗的情绪有喜、怒、哀、惊、恐、爱等，也有一些细腻微妙的情绪如嫉妒、惭愧、羞耻、自豪等。

**青春期的青少年情绪的特点**

波动性：情绪一会儿高涨，一会儿低落。

冲动性：情绪激烈，难以控制自己。

内隐性：有时候会掩饰自己的情绪，不愿意表露自己。

## Show 走秀魔方台

《头脑特工队》讲述了一个叫莱莉的小女孩因为父亲工作的原因举家搬迁到旧金山，莱莉只得和曾经熟悉的生活说再见的故事。和所有人一样，莱莉也是被她大脑里的五位情绪小人共同支配——乐乐、怕怕、怒怒、厌厌和忧忧。这五位情绪小人居住在莱莉脑海里的控制中心，在那里，他们掌控了莱莉的个性与命运，帮助莱莉，在日常生活里给她建议。然而搬来旧金山，全新的环境与生活都需要莱莉去适应，混乱渐渐在控制中心里滋生。莱莉来到新学校的第一天，五位情绪小人就因为失控令莱莉在新同学面前出丑，混乱中乐乐和忧忧更被抛出控制中心，只留下怕怕、怒怒和厌厌的控制中心更加混乱，莱莉甚至无法与人进行正常沟通。乐乐和忧忧则要想尽办法要回到控制中心，力求在莱莉完全崩溃之前挽救她的生活以及家庭。

> 五位情绪小人：
> 快乐、恐惧、愤怒、厌恶、悲伤

**写一写** 产生以下强烈情绪时你的表现

| | 表现（心里怎么想、行为怎么做、语言怎么说……） |
|---|---|
| 快乐 | |
| 恐惧 | |
| 愤怒 | |
| 厌恶 | |
| 悲伤 | |

**说一说** 每一种情绪的优点与不足

| | 优　点 | 不　足 |
|---|---|---|
| 快乐 | | |
| 恐惧 | | |
| 愤怒 | | |
| 厌恶 | | |
| 悲伤 | | |

| 事　件 | 情　绪 | 情绪处理 | 当时的想法 | 妥当的做法 |
|---|---|---|---|---|
| 天气转凉，妈妈叫我多穿件衣服 | 生　气 | 和妈妈争辩、吵架 | 我又不是小孩子，知道冷热，我想自己决定自己的穿衣 | 和妈妈说出自己的感受 |
|  |  |  |  |  |
|  |  |  |  |  |
|  |  |  |  |  |

真正的问题不在于情绪本身，而是在你情绪的表达方式。接纳情绪的产生，用适当的方式表达适当的情绪！

 ## 心灵鸡汤吧

情绪对一个人的健康成长有着很重要的作用，我们正处于青春期，这一时期身体迅速成长，性腺机能也开始发生作用，从而引起生理上和心理上的一些变化。有时候，我们会因一些负面情绪的影响导致十分严重的后果和影响。负面情绪其实是最无力的情绪，是具破坏性的。许多人都会在负面情绪占上风时做出使自己后悔不已的事情来，为此，我们应该采取一些积极有效的措施来管理自己的负面情绪。

 **灵感碰碰车**

根据你平时的情绪，你有哪些管理负面情绪的好方法？

 **知心生涯链**

1.《我的青春期》，温迪·L.莫斯，化学工业出版社（2018年）

2.《我更要坚韧》，温迪·L.莫斯，化学工业出版社（2017年）

3.《情绪自控力：青少年战胜愤怒的行动计划》，瑞秋·卡萨达·洛曼，机械工业出版社（2018年）

# 11 遇见最好的我

我们知道个人是微弱的，但是我们也知道整体就是力量。

——马克思

 ## 故事红地毯

古希腊神话中有一名著名的英雄叫安泰，是地神盖娅的儿子，他的力量在于，每当同敌人决斗而遇到困难时，只要往地上一靠，就能获取新的力量，所以没有哪一位英雄能与他抗衡。可是他有一弱点，就是不能离开地面。海格立斯注意到了他的弱点，在交战中把他举到空中，使他无法再靠近地面，在空中把他扼死了。

读了这则神话故事后，你有什么启示呢？

神话剖析：把大地比喻为集体的话，个人只有紧紧依靠集体，才能有无穷无尽的力量。安泰之所以所向无敌，就是因为他身体离不开大地，能从大地上吸取力量。同样的道理，个人如果脱离了集体，就会一事无成。安泰最后之所以死亡，就是因为海格立斯把他举到空中，使他无法靠近地面，最后在空中把他扼死了。由此看来，个人的成长确实离不开集体。

亲爱的同学们，集体是人们在一定目标下集结起来的群体。个人总是属于一定的集体，集体为个人的成长提供了条件和机会。

## 生涯养乐多

### 分享时刻：小水珠的故事

有一个小水珠，从来没有离开过大海妈妈的怀抱，它对外面的世界非常好奇。一次偶然的机会，它被抛到了高处，刚被抛到高处时还有些害怕，但渐渐地，它就被眼前的情景吸引住了。炫目的阳光、亮丽的彩虹、湛蓝的大海，它陶醉了，没想到空中的景色这么美！小水珠在微风的吹拂下飘呀飘呀，忘却了一切。这时，传来了大海妈妈焦急的声音："小水珠，快回来，太阳会把你晒干的！"小水珠满不在乎地回答："妈妈，我再玩会，这儿太美了……"可还没等它说完，一束强烈的阳光照过来，小水珠瞬间消失得无影无踪。

**思考题：**

1. 为什么小水珠离开大海妈妈的怀抱后会马上消失？
2. 如果小水珠不想在这个世界上消失，它该怎么办？

不管一个人多么有才能，但是集体常常比他更聪明和更有力。

————奥斯特洛夫斯基

### 探究时刻：李娜的获奖感言

我国著名网球运动员李娜在澳大利亚网球公开赛上获得女单冠军。在颁奖典礼上，当大会主持人邀请她发表获奖感言时，她没有介绍自己的成绩，而是一一感谢了她的团队、经纪人、体能师、教练、丈夫、赞助商、主办方和所有的观众，并对他们深深鞠了一躬。她的这一举动引起了阵阵的掌声。

**思考题：**

1. 李娜为什么要那样做呢？
2. 这对你有什么启示？

结论：个人离不开集体。集体是个人生存的依靠，是个人成长的园地，个人的生活、学习和工作都离不开集体。

**走秀魔方台**

1. 请同学们在一张白纸上写上对自己形象满意度的描述，包括身高、体重、容貌（五官）、外表（身材）、兴趣、特长、个性。

2. 写上自己最欣赏的自己的优点。

3. 写上自己最不喜欢的自己的特征，注明理由，但不署名。

分享对自己的看法，聆听同学们的建议，关注自己的优势，从而自我肯定，同时学习别人优点，使自己思想变得开阔。

**游戏时间：相由心生**

同学们，请你想象一下，在现实生活中你的性格表现更像哪一种动物的习性？请将这种动物画下来，并且在旁边注明你们相似的地方，和同学们相互交流一下，耐心听听他们给你的评价！

|  |  |
|---|---|
| 我 | 相似理由：<br><br>_____<br><br>_____<br><br>_____<br><br>_____ |

假设你能够重新设计一次自己，你希望自己更像哪一种动物呢？也请你把它画下来，并在旁边注明修改的理由。

我的希望

改变理由：

_____

_____

_____

_____

## 💗 心灵鸡汤吧

### 蒙塔尔的人生哲学

意大利洞穴专家毛里奇·蒙塔尔曾只身到意大利中部内洛山的一个地下溶洞里，亲身经历一个长达一年的名为"先锋地下实验室"的实验。

"先锋地下实验室"设在溶洞内一个 68 平方米的帐篷内，里面除配备有科学试验用的仪器外，还设有起居室、卫生间、工作间和一个小小的植物园。在洞外山顶上的控制室里，研究员通过闭路电视系统观察蒙塔尔一个人在长期孤独生活的情况下，生理方面会产生哪些变化。

在 2000 多米深的溶洞里，死一般的寂静，刚开始 20 天左右，由于寂寞与孤独，蒙塔尔曾经感到害怕，怀疑能否坚持到底，但是后来还是顶住了。他给果树和蔬菜浇水，看书，写作或看录像片，实验室内还备有一辆健身自行车，他共骑了 1600 多公里。

度过了一年多暗无天日的地下生活后，蒙塔尔重见天日。这时，他的体重下降了 21 公斤，脸色苍白瘦削，人也显得憔悴，免疫系统功能降到最低点；如果两人同时向他提问，他的大脑就会乱；他变得情绪低落，不善与人交谈。虽然他渴望与人相处，希望热闹，但他的确已丧失了交际的能力。

蒙塔尔说："过了这一年我才知道，人只有与人在一起时，才能享受到作为一个人的全部快乐。过去，我喜欢安静，喜爱独处；现在，我宁可选择热闹，而不要孤寂。这场实验使我明白了一个人生的奥秘：生活的美好在于与人相处。"

**灵感碰碰车**

通过这节课的学习，你对自我与集体的关系有了哪些新认识？如何在集体中不断遇见最好的自己？

 **知心生涯链**

1.《归属感》，罗伯特·迪尔茨，北方妇女儿童出版社（2015 年）
2. 电影《被抹去的男孩》，乔尔·埃哲顿导演（2018 年）

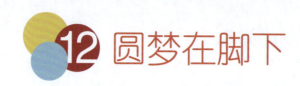

# 12 圆梦在脚下

This moment will nap, you will have a dream; but this moment study, you will interpret a dream.（此刻打盹，你将做梦；而此刻学习，你将圆梦。）

——哈佛图书馆

## 故事红地毯

　　富兰克林出身贫寒，只念了一年书，就不得不在印刷厂做学徒。但他刻苦好学，自学数学和四门外语，成为美国著名的政治家、外交家、科学家、发明家。富兰克林是怎样走上成功之路的呢？他成功的秘诀是什么呢？那就是善于自我管理。具备良好的品德习惯、自我管理和监督，是一切成功的条件。

　　富兰克林的自我管理从两方面入手的，一是自我时间管理；二是自我品德管理，并辅以严格的检查。在自我时间管理方面，他把每天的作息时间列成表格，规定自己在何时工作，在何时休息，在何时做文艺活动。他做了一个本子——道德手册，用红笔在每页纸上画上表格，分别写上每周的 7 天，然后用竖线画出 13 个格，把 13 项道德原则列在其中。每天用黑点记载当天完成道德手册中的不足。他每天检查自己的过失，目的就在于养成这些美德的习惯。同时，他告诫别人，如果要学习这种方法的话，最好不要全面地去尝试一起培养，以致分散注意力，最好还是在一个时期内集中精力掌握其中的一种美德，等完全掌握了，再掌握其他的美德。

　　亲爱的同学，富兰克林命运坎坷，但是他却通过对自己有效的管理获得了属于自己的成功。

　　你对于自己的人生有目标、有要求、有计划吗？实现目标的过程也许很艰苦，需要极大的自制力，你能做到吗？

# 生涯养乐多

　　自我教育是中学生社会化的必经之路，目的是使个体习得社会文化，适应社会生活。从一个人的社会化过程看，个体习得社会文化必须发挥主观能动性，所以说自我教育是中学生社会化的必经之路。特别对于中学生来说，强调学习的自觉性和主动性，自我教育是重要内容。

　　自我管理，说白了就是自己管理自己。凡事不能都让老师督着做，老师只是我们前进道路上的一盏指路明灯，关键还是要靠自己辨别方向。中学生的学习、生活的独立性、自主性强烈，每个人可以根据自身情况进行多样化、个性化的安排。每个人的生活都没有定式，也没有可以完全遵照执行的模式，管理模式也不尽相同。国家有国家的管理模式，企业有企业的管理模式，班级有班级的管理模式，所以自己也应有自己的管理模式，即自我管理。那些能够自我约束、好好学习的同学就是自我管理的楷模；而那些上课迟到、早退、扰乱课堂纪律的行为，就是缺乏自我管理的具体表现。

## 自我管理的角度

早晨、上午
下午、晚上……

节制、决心、
勤勉、适度……

时　间

品　德

反　省

诚恳、善良、
公正、俭朴……

目标、计划、行动……

## Show 走秀魔方台

### 填一填 我的管理

如果你已经有了自我管理，请填下表：

我的管理方式 _____

什么时候有了这个管理？

_____

其间有遇到过困难想要放弃的时候吗？

_____

你觉得自我管理给你带来了什么？

_____

如果你还没有找到自己的管理方式，请填下表：

曾经有过自我管理的方式吗？

_____

你觉得是什么原因让你还没有找到自我管理的方式或放弃了自我管理？

_____

有没有什么事情可以让你树立目标？

_____

访一访　大家的自我管理方式

采访一位同学，并做好记录。

我的采访对象：_____

他（她）有自我管理吗？_____

如果有，

方式是 _____

了解到的他（她）自我管理的故事。

_____

_____

我的感悟是

_____

_____

如果没有，

我的建议是_____

 # 心灵鸡汤吧

　　生活就是一面镜子，内心的世界控制外在的世界，你用什么态度对待它，它就用什么态度回馈你。是笑还是哭，全在一念之间，好好想想到底该怎样去照"镜子"。

**灵感碰碰车**

通过这节课的学习，你对自我管理有了哪些新认识？

 **知心生涯链**

1. 《乔布斯传——神一样的传奇》，王咏刚、周虹，上海财经大学出版社
   （2011 年）
2. 《拆掉思维里的墙》，古典，中国书店出版社（2010 年）
3. 电影《肖申克的救赎》，弗兰克·德拉邦特导演（1994 年）
4. 电影《阿甘正传》，罗伯特·泽米吉斯导演（1994 年）

# 后　记

　　这是一本帮助学生更好地认识自己，助力规划人生的读本。初中阶段的学生处于生涯发展的早期阶段，这个阶段发展得顺利与否可以影响到人的一生。本书遵循中学生的身心发展特性和生涯发展特点，引导学生为自己探寻"我是谁？""我在哪里？""我往何处去？""我如何去？"等问题的答案，并且着力帮助初中学生澄清自身价值与需求，培养自我规划的意识，使其自我探索和规划能力有所提升。

　　近年来，杨浦区积极开设生命教育系列课程。"生涯规划能力的培养"是其中的重要内容。该课程贯穿小学、初中、高中至大学，学生通过阅读读本、体验课程、参与活动，学会自我澄清，明确目标，实践规划。

　　"生涯教育系列课程读本"以小学、初中、高中学段划分，分为《启梦——我的生涯早知道》《启志——我的生涯我探索》《启航——我的生涯我做主》三册。

　　《启志——我的生涯我探索》是"生涯教育系列课程"初中学段的课程，它针对六年级至九年级的学生，围绕"自我探索""职业探索"和"选择规划"三个主题，设计了内容丰富、形式多样的课程内容。"故事红地毯"通过情境导入主题；"生涯养乐多"链接相关的知识点；"心灵鸡汤吧"提供生涯的测量工具、辅导理论；"走秀魔方台"通过活动加强体验；"灵感碰碰车"总结生涯的管理技巧。"知心生涯链"集结所有生涯方面的参考文献。 六大板块相互联系，带领学生们一起认识自己、走进生涯。翻阅读本，你也许会逐渐探索到每一个"更好的自己"，它可能是你对价值观的一种全新的认识、也可能是你对自己未来的另一种探索……希望这些板块能帮助你提升对生涯的认识、理解与探索，拼铸成属于我们的未来生涯蓝图。

　　本课程是由杨浦区教育学院德育室领衔，由上海交通大学附属中学"生涯发展联合研训基地"主持，11 所基地学校三年共同实践与探索的研究成果。本册《启志——我的生涯我探索》凝聚了育鹰学校、新大桥中学、思源中学三所学校老师们的智慧。感谢杨浦区相关领导对生涯课程推进的重视，感谢生涯基地学校领导对课程地支持，感谢一线教师们为生涯课程的付出。同时，更要感谢多年以来对"生涯基地"研究工作给予专业指导的上海市教育科学研究院研究员、上海学生心理健康教育发展中心副主任沈之菲老师，杨浦区教育学院正高级、特级教师戴耀红老师。当然，我们的读本还有不足之处，敬请专家、同行与读者指正。

希望《启志——我的生涯我探索》能帮助学生习得自我探索、规划成长的方法，挖掘自身的积极心理潜能，提升自我效能感，让成长过程变得更美好！

新大桥中学、思源中学三所学校老师们的智慧。感谢杨浦区相关领导对生涯课程推进的重视，感谢生涯基地学校领导对课程地支持，感谢一线教师们为生涯课程的付出。同时，更要感谢多年以来对"生涯基地"研究工作给予专业指导的上海市教育科学研究院研究员、上海学生心理健康教育发展中心副主任沈之菲老师，杨浦区教育学院正高级、特级教师戴耀红老师。当然，我们的读本还有不足之处，敬请专家、同行与读者指正。

希望《启志——我的生涯我探索》能帮助学生习得自我探索、规划成长的方法，挖掘自身的积极心理潜能，提升自我效能感，让成长过程变得更美好！

# 后 记

这是一本帮助学生更好地认识自己，助力规划人生的读本。初中阶段的学生处于生涯发展的早期阶段，这个阶段发展得顺利与否可以影响到人的一生。本书遵循中学生的身心发展特性和生涯发展特点，引导学生为自己探寻"我是谁？""我在哪里？""我往何处去？""我如何去？"等问题的答案，并且着力帮助初中学生澄清自身价值与需求，培养自我规划的意识，使其自我探索和规划能力有所提升。

近年来，杨浦区积极开设生命教育系列课程。"生涯规划能力的培养"是其中的重要内容。该课程贯穿小学、初中、高中至大学，学生通过阅读读本、体验课程、参与活动，学会自我澄清，明确目标，实践规划。

"生涯教育系列课程读本"以小学、初中、高中学段划分，分为《启梦——我的生涯早知道》《启志——我的生涯我探索》《启航——我的生涯我做主》三册。

《启志——我的生涯我探索》是"生涯教育系列课程"初中学段的课程，它针对六年级至九年级的学生，围绕"自我探索""职业探索"和"选择规划"三个主题，设计了内容丰富、形式多样的课程内容。"故事红地毯"通过情境导入主题；"生涯养乐多"链接相关的知识点；"心灵鸡汤吧"提供生涯的测量工具、辅导理论；"走秀魔方台"通过活动加强体验；"灵感碰碰车"总结生涯的管理技巧。"知心生涯链"集结所有生涯方面的参考文献。 六大板块相互联系，带领学生们一起认识自己、走进生涯。翻阅读本，你也许会逐渐探索到每一个"更好的自己"，它可能是你对价值观的一种全新的认识、也可能是你对自己未来的另一种探索……希望这些板块能帮助你提升对生涯的认识、理解与探索，拼铸成属于我们的未来生涯蓝图。

本课程是由杨浦区教育学院德育室领衔，由上海交通大学附属中学"生涯发展联合研训基地"主持，11所基地学校三年共同实践与探索的研究成果。本册《启志——我的生涯我探索》凝聚了育鹰学校、